L'ABBÉ

ANTOINE VIOLOT

CURÉ

DE NOTRE-DAME D'AUTUN

NOTICE BIOGRAPHIQUE

PAR

J.-G. BULLIOT

Se vend au profit des Écoles chrétiennes.

AUTUN

IMPRIMERIE DEJUSSIEU PÈRE ET FILS

1887

L'ABBÉ

ANTOINE VIOLOT

CURÉ

DE NOTRE-DAME D'AUTUN

NOTICE BIOGRAPHIQUE

PAR

J.-G. BULLIOT

AUTUN

IMPRIMERIE DEJUSSIEU PÈRE ET FILS

1887

L'ABBÉ

ANTOINE VIOLOT

CURÉ

DE NOTRE-DAME D'AUTUN

Nous fermions l'année, le 31 décembre dernier, en accompagnant au cimetière M. l'abbé Violot. Le vénéré pasteur de Notre-Dame, mort à son poste en se survivant, quittait doucement la vie pour rejoindre les générations dont il avait béni le berceau ou la tombe, pendant plus d'un demi-siècle.

Ce long exercice du ministère sacré l'avait rendu familier à tous; il a disparu comme un père de famille dont la tâche est finie, et qui s'endort en paix. De vieilles ou récentes affections nées aux étapes diverses de cette carrière exceptionnelle groupaient à ce dernier rendez-vous ceux qui n'oublient pas.

Antoine Violot est né le 26 janvier 1796 à Montagny-lès-Buxy, près Chalon. La tourmente révolutionnaire commençait à perdre de son acuité, mais si le sang ne coulait plus la persécution religieuse était loin d'être calmée, et les temples restaient fermés. On cachait les prêtres; les pratiques de la foi chrétienne étaient espionnées et ne pouvaient s'accomplir qu'entourées de mystère; le nouveau-né n'était point baptisé. Un prêtre dont les fidèles connaissaient la retraite était resté à Buxy. Les parents se concertèrent avec lui, et après les précautions d'usage, la mère, au jour convenu, emporta elle-même son enfant pour l'onction sacrée. Elle est, chemin faisant, abordée par un patriote : « Où portes-tu cet enfant, citoyenne ? » — « Je le porte au médecin, pour lui faire couper le fil. » L'opération réussit. parait-il, car M. Violot conserva jusqu'au dernier jour la présence d'esprit et de repartie dont sa mère venait de lui donner l'exemple précoce.

Il grandit sous la tutelle de cette femme forte dont il ne parlait qu'avec vénération, et fut bercé au récit des scènes révolutionnaires dont les sanglants souvenirs assombrissaient alors les foyers. L'horizon cependant s'éclairait, et la réouverture des églises rendait enfin aux consciences leur liberté. Bientôt on apprend que Pie VII se rend à Paris pour sacrer l'Empereur, et qu'il va passer à Chalon. Un pape traversant la France au lendemain de la Terreur ! c'était à n'y pas croire. Mme Violot prend par la main son fils âgé de huit ans, et court à pied avec lui jusqu'à Chalon. M. de Varenne, dont la famille Violot cultive une ferme, habite juste en face de la maison Clicquet [1], rue des Tonneliers, où est descendu le Saint-Père; l'enfant ne quitte pas la vitre dans l'espoir de le voir. Il aimait plus tard à raconter de ce voyage un épisode gravé dans sa mémoire. Au moment où le souverain Pontife, du perron de l'église Saint-Pierre, s'apprêtait à bénir la foule agenouillée sur la place, un jeune homme, près de lui, resta debout et couvert avec affectation. Pie VII, se tournant, lui dit avec douceur : « Mon ami, faites comme les autres, la bénédiction d'un vieillard ne fait jamais de mal. »

La famille Violot avait quitté Montagny pour se fixer à Marnay-lès-Buxy, dans la ferme de M. de Varenne, citée plus haut, les enfants allaient de là chaque jour apprendre à lire à l'école d'un instituteur.

L'enseignement des vérités religieuses s'organisait plus péniblement, un peu à l'aventure. Un prêtre zélé, l'abbé Duchesne, curé de Buxy, avait transformé son presbytère en pensionnat, expliquant avec les auteurs anciens les vérités de la foi ; il venait d'avoir pour successeur l'abbé Berbet [2], plus tard directeur du

---

1. Aujourd'hui imprimerie Dejussieu.

2. Jean-Baptiste Berbet, né à Longepierre, 8 décembre 1740. Sulpicien, directeur du grand séminaire de Besançon, curé de Buxy de 1804 à 1809, supérieur du petit Séminaire d'Autun (1813), curé de Chagny, directeur au grand séminaire d'Autun en 1816.

grand séminaire d'Autun, dont A. Violot reçut pendant deux ans les leçons, avant sa première communion.

Il devenait urgent, ensuite, de savoir quelle direction donner au jeune catéchumène du curé de Buxy. Ce dernier, après consultation de l'intéressé, décida les parents à le placer en ville afin d'essayer du latin.

Ce changement de résidence, en vue de résultats incertains, entraînait des difficultés, des responsabilités. M. de Varenne, en visitant sa propriété, avait remarqué l'esprit éveillé de l'enfant. Les relations du propriétaire avec ses fermiers étaient bienveillantes; chacun restant à son échelon respectif, sans morgue comme sans envie, il s'établissait une sorte de familiarité courtoise plus réelle que le libéralisme de parade et plus apte à rapprocher les hommes. M. de Varenne trouva tout naturel de se charger du futur étudiant, pour lui faciliter l'instruction. Installé dans sa maison, logé et servi à part, celui-ci put suivre comme externe, pendant un an, des cours où ses succès justifièrent les prévisions et déterminèrent son entrée à l'institution de l'abbé Lambert qui, au milieu de nombreuses tribulations, avait improvisé à Chalon un petit séminaire. Le nouvel élève y passa deux ans et vint ensuite à Autun achever ses études classiques.

Au moment où il y arrivait, on commençait à sortir du cahos et à régulariser dans la mesure du possible le recrutement ecclésiastique.

Les prêtres confesseurs de la foi, émigrés ou déportés, étaient rentrés à l'issue de la tourmente; les évêchés étaient reconstitués ; mais après une lacune de dix années, après les exécutions sanglantes qui avaient décimé le clergé, après l'exil qui en avait dispersé les membres épargnés, après les ravages opérés dans les consciences par les fausses doctrines, le nombre des ouvriers évangéliques n'était plus en rapport avec les nécessités religieuses. Les ruines morales dépassaient celles des églises et des cloitres renversés.

Le grand travail proposé au zèle des survivants de la Révolution était la reconstitution du service des paroisses. Des hommes éminents s'étaient mis avec ardeur à cette tâche. Un des plus dévoués, l'abbé Saunier, de la congrégation de Saint-Sulpice, ralliait dès 1803 les lévites dispersés, les vocations naissantes à la vue des plaies du sanctuaire. « Modèle d'aménité fine

et persuasive, de sagesse bienveillante et forte, l'abbé Saunier
exerça sur tous ceux qui l'approchèrent une influence douce et
décisive. » Lorsque A. Violot, à l'âge de prendre une résolu-
tion, se détermina à entrer au grand séminaire d'Autun, il y
rencontra ce maître émérite dont il garda durant sa longue carrière le souvenir fidèle et un portrait qui, en lui rappelant les
traits du saint prêtre, lui parlait surtout des vertus dont il avait
été témoin et qu'il s'efforçait d'imiter. C'est sous cette direction
paternelle qu'il fit ses études de théologie.

Il venait d'entrer au grand séminaire lorsque les revers de la
France amenèrent sur notre sol les armées alliées. Un corps se
dirigeait sur Autun. L'émoi était grand en ville ; on apprend le
soir au séminaire la nouvelle peu rassurante. A. Violot venait
de se mettre au lit quand son compagnon de chambre, entrant
tout effaré, s'écrie : « Les Autrichiens vont arriver ! qu'allons-
nous faire ? — Mon ami, répond l'interpellé, nous les laisserons
venir. » Et il reprend son sommeil interrompu. On reconnaîtra
à cette attitude la possession de soi-même, la sereine résignation à
tout événement que chacun a pu constater dans toutes les phases
de sa vie ultérieure.

Les années s'écoulaient.

L'évêque, Mgr de Vichy, pair de France, aumônier de la duchesse
d'Angoulême, était souvent retenu à Paris, mais la direction
du diocèse confiée à des vicaires généraux éminents et perspicaces
se maintenait sans défaillance. L'abbé Violot leur était signalé et
bien qu'il ne fût pas encore engagé dans les ordres, en atten-
dant l'âge réglementaire, il était néanmoins chargé d'exercer
certain ministère accessoirement. Sa maturité reconnue l'avait
désigné, n'étant encore que diacre, pour prendre part aux pré-
dications des missions si nécessaires et si multipliées alors.
C'est à ce titre que, adjoint aux curés d'Auxy et de Dracy-Saint-
Loup, il avait fait à Curgy une apparition pour y préparer une
première communion et y avait, selon toute apparence, été remarqué. Ordonné prêtre en 1820 et nommé vicaire à Buxy, dans son
propre pays, il se rend à destination. Le curé de Buxy, sentant
sa fin prochaine, lui annonce qu'il ne peut le recevoir ni se
séparer de son vicaire actuel, seul au courant des besoins de la
paroisse. L'abbé Violot revient au séminaire, racontant sa mésa-
venture ; il est alors nommé curé de Curgy, le 1er juillet 1820,

sans avoir subi l'épreuve du vicariat. Son prédécesseur était un confesseur de la foi, caché, puis incarcéré à Chalon durant la Terreur, l'abbé Reuillet, ancien vicaire de Saint-Pancrace d'Autun. Le presbytère de Curgy, vendu pendant la Révolution et acquis ainsi que l'église par l'abbé Pidaut, prêtre assermenté, avait été racheté de lui par les paroissiens au moyen d'une souscription organisée par un propriétaire du pays[1]. Le prix était de 1,122 francs. La souscription n'ayant produit que 1,100 fr., le vendeur, jaloux de participer à l'œuvre, fit l'abandon des 22 fr. On ne sera pas surpris d'apprendre que l'édifice fût à l'état de masure, bien que ayant été jadis la demeure d'un notaire d'Autun, Me David, et étant orné d'un pavillon alors inhabitable, il est vrai. L'évêque, à cela près, en nommant l'abbé Violot, le traitait en enfant gâté, car il trouvait pour maire M. Champeaux de Saucy, chevalier de Saint-Louis, homme de vieille souche, digne représentant de l'ancienne urbanité française, un type de bonté incapable de chercher noise à son curé. Le surplus de la paroisse était à l'avenant, une véritable oasis.

Le nouveau titulaire partit donc par la voiture d'Autun à Nolay, avec une malle contenant tout son mobilier. On met pied à terre. Le maire et son cortège l'attendaient. Après la bienvenue d'usage, on gravit, dans la direction de Curgy, un vieux chemin poétiquement nommé *Chemin des fleurs*; c'était de bon augure, et, tout en marchant, le maire dit à l'arrivant : « Nous n'avons pas de cure, M. le curé, mais s'il vous agréait de joindre aux fonctions curiales celles de précepteur, nous pourrions nous en passer. Je suis veuf et j'ai deux enfants; en consentant à leur donner des leçons, nous ferions ménage commun. » La proposition levait trop d'obstacles pour être refusée; on fit bail pour un an, au bout duquel on renouvela, chacun étant satisfait. Le terme expiré, le maire proposa d'aller visiter la cure en réparation. Quelle ne fut pas la surprise, en entrant, d'y trouver une table très bien servie et un mobilier complet.

« Vous êtes chez vous, M. le curé, lui dit M. de Champeaux, auriez-vous la bonté de m'inviter à dîner ? »

Telle fut l'installation de l'abbé Violot dans le pavillon qu'il

---

1. M. Larcher, père de M. l'abbé Larcher, mort économe de la Visitation de Mâcon.

habita jusqu'à son départ de Curgy pour Autun, et que son hôte avait fait restaurer et meubler à son insu. Ce seul procédé révèle suffisamment la cordialité des rapports de ces deux hommes dignes de se comprendre et dont l'intimité dura autant qu'eux. Puisque nous avons jeté un regard sur ce coin modeste de notre sol et sur une société plus distante de nous par ses mœurs que par les années, on nous permettra peut-être d'y ajouter quelques traits.

Le curé de Curgy trouvait un autre appui dans une digne et sainte femme, Mme de Francy, fille d'un ancien notaire d'Autun, Me Guichot, mariée à Thevenot de Francy, qui avait fait fortune en fournissant des armes à La Fayette pendant la guerre d'Amérique. Restée veuve et sans enfants, Mme de Francy avait adopté les pauvres. Très simple pour elle-même, adonnée à toutes les œuvres de charité, d'une bonté sans limites pour ses fermiers et pour ceux qui l'approchaient, elle était la providence du pays. L'ancien manoir de Vergoncey, sa résidence, entouré de vieux arbres, au revers d'une colline qui l'isolait du village comme un monastère, témoignait, avec ses murs gris, de l'indifférence des maitres pour l'apparat; il n'en était pas moins un rendez-vous hospitalier pour le voisinage. On y recevait tous les mercredis, comme chez le maire tous les dimanches; on jouait au boston, mais au profit des pauvres et de la Propagation de la Foi. C'est là que l'abbé Violot rencontra un homme éminent, parent de Mme de Francy, qui resta pour lui un ami, le président Riambourg. Ce dernier venait dès lors, à la clôture de l'année judiciaire, prendre à Vergoncey, que Mme de Francy lui légua plus tard, un repos entrecoupé par ses études de philosophe et de publiciste [1]. Des visiteurs d'élite, de Dijon, hommes de cœur et d'esprit, versés dans la littérature comme dans le droit, fermes dans leur foi religieuse et monarchique, y paraissaient de temps à autre; on philosophait, on parlait de politique, de la révolution qu'on voyait s'avancer, et c'est de cette époque (1825 à 1830) que le président Riambourg publia, cinquante ans à l'avance, sur l'avènement futur et la marche du socialisme, une étude qu'on pourrait appeler prophétique. Mme Riambourg, femme aux affections fortes, caractère viril

---

1. Son frère, ancien curé de Saint-André d'Autun, avait traversé la Révolution, caché à Vergoncey. Ce fut lui qui recouvrit l'église de Curgy.

uni à une piété tendre, austère dans sa vie autant que charitable, pétrie de tous les nobles sentiments, était digne de succéder à son hôtesse d'alors.

On ne s'approche pas d'un pareil foyer sans s'y réchauffer et l'abbé Violot trouva dans cette société plus qu'un délassement, des modèles. La rectitude de jugement, la culture d'esprit, les vertus chrétiennes du président et de sa compagne, son égale moralement, étaient propres à impressionner un débutant capable de les apprécier. L'expérience de l'homme du monde et du juriste a hâté chez lui la maturité. Aussi aimera-t-il plus tard à faire reparaître dans la conversation ces figures amies, couchées dans la tombe, dont il est resté le dernier survivant.

Jeté brusquement, comme on l'a vu, dans le ministère pastoral, le curé improvisé l'avait abordé sans incertitude. Au milieu d'une population agricole, pacifique comme lui, il s'était trouvé en famille. Dans le modeste sanctuaire roman de Curgy, type d'architecture rurale, église, assistants, pasteur, tout était à l'unisson. La sobre ordonnance de l'édifice, la parole mesurée du prêtre, le recueillement de l'assistance, exprimaient la paix qui ne se démentit jamais durant le séjour de l'abbé Violot. Ses rapports avec ses paroissiens restèrent empreints d'une bienveillance soutenue, pauvres et riches virent toujours en lui l'égalité de caractère, la bonhomie spirituelle, l'affabilité, la charité. Il compatissait aux peines, exerçait sur les enfants l'ascendant de la paternité, sur les parents celui de la douceur, inspirant aux uns et aux autres le sentiment de la vénération.

Cette existence sans nuages et remplie par le devoir durait depuis dix ans. Le pasteur de Curgy, sans ambition comme ses ouailles, n'eût pas eu d'autre rêve que de vivre et mourir au milieu d'elles, certain de leur affection. Mais le prêtre ne s'appartient pas.

La vacance du siège épiscopal d'Autun, au décès de Mgr de Vichy, venait de prendre fin ; un nouvel et jeune évêque, chez qui l'expérience du monde compensait les années, le remplaçait. La première nomination faite par Mgr d'Héricourt fut celle de l'abbé Violot à la cure de Notre-Dame d'Autun, le 1er mars 1830[1].

---

1. En remplacement de M. l'abbé Duvernois, pourvu d'un canonicat.

Il eut la main heureuse, et ses conseillers étaient bien renseignés pour confier un poste de cette importance à un titulaire de trente-quatre ans. L'élu quitta Curgy, suivi de regrets unanimes, et vint prendre possession de son poste la deuxième semaine après Pâques, le dimanche du Bon Pasteur, heureux pronostic bientôt justifié.

L'abbé Violot fut à Notre-Dame ce qu'il avait été à Curgy, homme de piété, de conciliation, d'assiduité, de devoir en un mot. Son long ministère a offert ce remarquable exemple de n'avoir jamais ni suscité, ni rencontré une difficulté sérieuse dans sa paroisse. Son régime a été là, comme précédemment, celui de la paix. Ce résultat était dû à une longanimité, à une faculté de maîtriser ses impressions qui écartaient de son esprit tout élément de trouble. « Pour moi, dit-il un jour dans une pensée qui le résume, je me suis toujours appliqué à ne garder le souvenir que des choses bonnes de la vie. Je ne crois pas avoir jamais non pas conservé, mais éprouvé un sentiment d'amertume contre qui que ce soit, et j'ai eu cependant des peines comme d'autres, un jour même j'ai compris le suicide. »

Cet aveu inattendu suffit pour montrer à quels efforts, à quelles épreuves ont été soumises des personnalités qui apparaissent coulées au moule et douées de qualités natives, tandis que leur sculpture morale est due à des retouches incessantes. Enfant, l'abbé Violot sautait brusquement de la fenêtre d'un premier étage pour éviter une correction à la suite d'un acte de violence, et se sauvait à toutes jambes quand on croyait ramasser un mort ou un blessé. Élève, il était connu par sa pétulance, sa vivacité ; on sait à quel degré, sans connaître par quelles luttes, elles ont été comprimées.

On ne s'en doutait guère non plus dans sa nouvelle paroisse où il avait bien vite acquis la sympathie universelle. Sa modération inspirait la confiance, la sûreté de ses relations le rendait le confident des familles, leur conseiller, leur ami, leur consolateur ; il pacifiait les consciences, encourageait la piété. La charité bénéficia de ses rapports avec les riches ; ses vicaires pendant longtemps vécurent en commun avec lui dans une union et une cordialité qui leur firent surmonter une installation des plus défectueuses, dans d'étroites cellules, sous les combles de l'église.

Sans avoir jamais cherché à sortir de l'ombre, l'abbé Violot, par les seules qualités de son caractère, prenait une place remarquée parmi le clergé autunois ; il était, dès le 7 avril 1834, nommé chanoine honoraire et désigné bientôt pour un rôle plus actif. Mgr d'Héricourt, en 1836, appela à Autun une colonie de sœurs du Saint-Sacrement pour y fonder une maison de leur ordre à l'ancienne abbaye de Saint-Andoche. Les malheureuses sœurs prenaient possession, dans un dénuement absolu, d'un immense galetas en ruines où tout était à créer ou à réparer, à ce point qu'elles durent accepter une hospitalité provisoire des Dames du Sacré-Cœur. Les premières appropriations terminées, on ouvrit une salle d'asile qui recueillit bientôt quatre-vingts enfants, et la communauté ayant décidé, en 1837, l'acquisition du local par l'entremise de M. Violot, ce dernier, tout en conservant sa cure de Notre-Dame, fut, au mois de septembre, nommé supérieur de la congrégation dont la maison mère venait d'être transférée de Mâcon à Autun. Ces nouvelles fonctions entraînaient l'inspection des maisons disséminées sur divers points de la France, une correspondance compliquée, des démarches, une lourde charge. Il visitait chaque jour l'établissement naissant d'Autun, encourageant son vaillant personnel, travaillant incessamment à lui venir en aide et s'y étant attaché comme à une œuvre dans laquelle il avait sa part de labeur ; aussi la séparation fut-elle pour lui douloureuse. Dix années l'avaient identifié avec la maison dont le rapide accroissement rendit la direction incompatible avec le service paroissial. C'est avec une véritable peine de cœur qu'il la remit aux mains de l'abbé Landriot. Ce sacrifice, loin d'altérer leur affection mutuelle, parut plutôt l'affermir. Evêque de la Rochelle ou archevêque de Reims, Mgr Landriot resta jusqu'à sa mort uni à son vieil ami par les liens de l'intimité et de l'attachement les plus étroits. Ce dernier recevait du reste les témoignages les plus marquants d'estime et de confiance de la part de Mgr d'Héricourt, qui recourait souvent à son appréciation dans les circonstances les plus délicates. Ces mêmes sentiments furent partagés par les évêques, ses successeurs, et par les prélats éminents qui, pendant la même période, furent choisis dans l'Eglise d'Autun.

La révolution de 1848 qui suivit de près passa sur la tête du pasteur de Notre-Dame sans l'émouvoir ; celle de 1851 lui fournit l'occasion d'exercer sa charité en cachant dans son presbytère un radical des plus compromis. Une occasion nouvelle se présenta bientôt de l'exercer au profit des pauvres. Qu'on se rappelle les proportions du paupérisme à Autun, il y a quarante ans! Mgr de Marguerye, ému de tant de misères, avait conçu le projet de créer une association dans le but de supprimer la mendicité avec le concours des autorités civiles, en secourant à domicile toutes les familles nécessiteuses. Dans un mandement du 6 janvier 1853, il fit à ce sujet un appel général, demandant à chacun une cotisation fixe et annuelle en faveur de l'institution. La sagesse et l'opportunité de cette mesure eurent l'assentiment général; mais il ne suffit pas de tracer un programme, il faut l'exécuter, et le projet risquait fort de rester lettre morte. Le curé de Notre-Dame fut le premier qui mit la main à l'œuvre et, avec le concours de quelques personnes dévouées, en entreprit la réalisation. *L'association charitable des habitants d'Autun pour l'extinction de la mendicité* fut constituée sérieusement; les services qu'elle rendit durant plusieurs années font regretter qu'elle n'ait pas été maintenue avec plus de sollicitude: la charité actuelle vit encore sur ses restes. On ne saurait s'étendre ici sur une question qui exigerait des développements, mais ce qu'il n'est pas permis de passer sous silence c'est l'activité, et nous ne craignons pas de dire l'initiative dont fit preuve l'abbé Violot dans cette affaire capitale. Nous ne saurions non plus entreprendre rigoureusement la chronologie de cette existence écoulée dans l'exercice régulier de la direction des âmes et dans un calme au moins apparent. Elle eut toutefois ses traverses parmi lesquelles il faut compter l'invasion subite et brutale de l'église Notre-Dame, dans une soirée d'hiver, par les Garibaldiens. Tout fut saccagé, brûlé, souillé. Mais lorsque le canon prussien gronda sur la ville, le 1er décembre, le curé de Notre-Dame, voyant un groupe de Français se former près du collège pour marcher à l'ennemi, les aborda en leur disant : « Ne vous effrayez pas de mon âge, je suis prêt à vous suivre, vous pouvez avoir besoin de mes services. » Ces braves gens refusèrent en lui objectant qu'il y avait assez de jeunes prêtres sans exposer des vieillards. Par contre, comme il revenait le même soir du haut de la ville, deux Garibaldiens, jugeant comme leurs chefs qu'un homme en soutane ne pouvait être qu'un malfaiteur, l'appréhendèrent de leur autorité et l'emmenèrent au poste où deux habitants de la rue aux Cordiers l'arrachèrent de leurs mains et le reconduisirent à son domicile.

Le sac de son église l'avait bouleversé. Il se voyait pour la première fois obligé de faire appel à la bourse de ses paroissiens. Cet appel lui coûtait; il s'en excusait en chaire, bien que chacun en comprît l'indispensable nécessité. Le mobilier fut rétabli, la nef peinte et par suite le montant de la souscription dépassé, ainsi qu'on en avait jugé d'avance d'après les dégâts, mais il ne voulut jamais la renouveler, malgré les offres qui lui furent faites.

Cette année néfaste marquait dans sa vie sa cinquantième année de prêtrise. Ces longs états de service et la vénération qui entourait l'abbé Violot avaient fixé l'attention. Mgr Perraud, jugeant que cette carrière exceptionnelle méritait une distinction exceptionnelle, avait obtenu secrètement du maréchal de Mac-Mahon, alors président de la République, la croix de la Légion d'honneur [1] pour le curé de Notre-Dame. La remise en fut faite inopinément en public sur le seuil du palais épiscopal par Monseigneur, escorté de nombreux fidèles, à son retour de Rome, le 5 mars 1875. Personne ne fut surpris sauf le titulaire qui, étourdi, la rougeur au front, égaré entre la reconnaissance et l'humilité, semblait porter sa croix sur les épaules plus que sur la poitrine, et regagnait sa demeure, tête baissée, sans oser lever les yeux sur un passant.

Le dimanche du Bon Pasteur 1880, l'église Notre-Dame, resplendissante de fleurs, de verdure et de lumières, célébrait le cinquantième et touchant anniversaire de l'arrivée de son curé, et comme si cette année dût devenir pour lui un mémorial sacerdotal, il fut appelé, le 24 septembre suivant, à présider l'installation d'un confrère [2], à Curgy. Il revit une dernière fois son ancienne et première paroisse; de chers et lointains souvenirs se pressaient dans son âme. Il remonta, à quatre-vingt-quatre ans, sous l'émotion du passé, dans cette chaire où il avait débuté.

« Il y avait, dit-il, soixante ans au mois de juillet dernier, qu'on m'installait moi-même curé de cette paroisse. Je rends aujourd'hui, au huitième de mes successeurs, le service que je reçus. Mes yeux, du haut de cette chaire, cherchent en vain ceux que je connus et aimai alors ; ils ne les retrouvent plus. » Il s'en

---

1. Le décret est signé du 3 février 1875.
2. M. l'abbé Doret.

trouva néanmoins. Les vieillards, à l'issue de la cérémonie, se pressaient pour lui faire fête. « M. le curé, vous m'avez fait faire ma première communion, M. le curé, vous m'avez baptisé, vous m'avez mis à genoux au catéchisme, me reconnaissez-vous? » Tous lui serraient la main avec effusion. Emu aux larmes par ces démonstrations, il prenait congé du nouveau titulaire en lui disant : « Ne me remerciez pas, vous m'avez rajeuni. »

L'esprit ne vieillissait pas, mais les organes vieillissent fatalement. La vue faiblissait; après avoir épuisé la série des moyens mis par la science au service de l'homme pour la prolonger, force fut de renoncer à toute lecture. La marche elle-même, interrompue par de graves accès de goutte qu'il supportait avec un flegme stoïque, devint pénible, intermittente, et la réclusion s'ensuivit. Mais comme la souffrance elle-même était sans action sur l'intelligence, les heures d'insomnie du malade bientôt nonagénaire étaient consacrées, en dehors de la prière, à des exercices inouïs de mnémonique et de versification. N'écrivant plus, la mémoire seule conservait ses compositions; il put réciter ainsi un jour, sans interruption, quatre cent quatre-vingts vers. La piété, du reste, à part quelques pièces d'intimité à ses confrères les chanoines, en était le sujet habituel. Il avait traduit en vers les deux premiers livres de l'*Imitation de Jésus-Christ*, pensant qu'une œuvre personnelle se fixerait mieux dans son esprit que la traduction de Thomas Corneille.

Dans cet état de santé et de faiblesse, le croirait-on, l'abbé Violot trouva assez de force morale pour contraindre son corps à se risquer dans un voyage qu'excusait l'appel d'un vieil ami. M. l'abbé Lebeuf, son plus ancien vicaire, aujourd'hui curé de Notre-Dame de Beaune, célébrait sa cinquantième année de prêtrise. La présence de son vieux maître devait rehausser la cérémonie et lui imprimer un intérêt inusité. Il est rare qu'un prêtre de quatre-vingt-dix ans assiste au cinquantenaire sacerdotal de son ex-jeune vicaire, aussi le vieillard attira-t-il les regards de tous les assistants et fut-il fêté presque à l'égal de son hôte. Chacun, à l'envi, l'entoura de prévenances dans cette réunion cordiale où il se montra gai et spirituel comme autrefois, et qu'il termina par la récitation d'une pièce de vers de sa composition pour la circonstance. C'était le 27 mai 1886. Il rentra à Autun pour n'en plus sortir; ses voyages étaient finis. La souffrance ne lui laissa bientôt plus de répit; il l'acceptait avec sa résignation, sa patience habituelles, mais ceux qui l'approchaient ne conservaient guère d'illusions sur le dénouement.

Cette existence pacifique devait s'achever comme elle s'était écoulée, dans la paix. La mort se fit douce, ainsi qu'il a été dit, pour aborder son chevet. Il la regardait en souriant, comme une visiteuse en retard. Au milieu des alternatives de défaillances et de réveils momentanés qui se succédèrent durant ses derniers jours, « Le bon Dieu, disait-il, semble vouloir me prendre, puis il me laisse; qu'il fasse donc sa volonté; il est si bon de se remettre entre ses mains. » Dans le délire, il voyait un ange au pied du lit lui tendre les bras, et demandait comment il avait pu entrer.

A plusieurs reprises on le crut à sa fin, et on récita auprès de lui les dernières prières; puis ce tempérament d'acier, retrouvant un reste d'élasticité, recouvrait en même temps la parole et la note gaie. Quelqu'un entre, secouant la neige de ses vêtements : « Vous avez, dit-il d'une voix expirante, toujours aimé les œillets blancs. » Il venait de se rappeler qu'à l'âge de sept ans, cette personne, alors enfant espiègle, avait ravagé dans le jardin du presbytère de Curgy une plate-bande de ces fleurs.

En dépit de cette résistance surhumaine, l'épreuve suprême approchait. Préparé par les secours réitérés de la religion, réconforté par la parole de son évêque, entouré de sa famille, de ses collaborateurs et d'amis, il rendait son âme à Dieu sur le seuil de sa quatre-vingt-onzième année, le 28 décembre 1886, à midi et demi.

Autun. — Imp. Dejussieu.